國家圖書館出版品預行編目資料

達利 / 莊惠瑾著;放藝術工作室繪.－－初版一刷.
－－臺北市: 三民, 2017
　　面；　公分－－(兒童文學叢書/創意MAKER)

ISBN 978－957－14－6309－4　　(精裝)

　1.達利(Dali, Salvador, 1904－1989) 2.傳記 3.通
俗作品 4.西班牙

781.08　　　　　　　　　　　　　　　106009665

©　達　利

著 作 人	莊惠瑾
繪　　　者	放藝術工作室
主　　　編	張蒸風
企劃編輯	郭心蘭
責任編輯	郭心蘭
美術設計	林易儒
發 行 人	劉振強
著作財產權人	三民書局股份有限公司
發 行 所	三民書局股份有限公司
	地址　臺北市復興北路386號
	電話　(02)25006600
	郵撥帳號　0009998-5
門 市 部	(復北店) 臺北市復興北路386號
	(重南店) 臺北市重慶南路一段61號
出版日期	初版一刷　2017年7月
編　　　號	S 858051

行政院新聞局登記證局版臺業字第○二○○號

有著作權‧不准侵害

ISBN　978-957-14-6309-4　　(精裝)

http://www.sanmin.com.tw　三民網路書店

達 利 SALVADOR DALI

瘋狂藝術家

莊惠瑾 / 著　放藝術工作室 / 繪

三民書局

主編的話　　　　抬頭見雲

　　隨著「近代領航人物」系列廣獲好評，並獲得出版獎項的肯定，三民書局的出版團隊也更有信心繼續推出更多優良兒童讀物。

　　只是接下來該選什麼作為新系列的主題呢？我和編輯們一起熱議。大家思考間，偶然抬起頭，見到窗外正飄過朵朵白雲。

　　有人興奮的說：「快看！大畫家畢卡索一手拿調色盤，一手拿畫筆，正在彩繪奇妙的雲朵！」

　　是呀！再看那波浪一般的雲層上，建築大師高第還在搭建他的尖塔！

　　左上角，艾雪先生舞動著他的魔幻畫筆，捕捉宇宙的無限大，看見了嗎？

　　嘿！盛田昭夫在雲層中找到了他最喜愛的 CD，正把它放入他的隨身聽……

　　閃亮的原子小金剛在手塚治虫大筆一揮下，從雲霄中破衝而出！

　　在雲端，樂高積木堆砌的太空梭，想飛上月球。

　　麥克沃特兄弟正在測量哪一朵雲飄速最快，能夠成為金氏世界紀錄。

　　……

　　有了，新的叢書就鎖定在「創意人物」這個主題上吧！

　　大家同聲附和：「對，創意實在太重要了！我們應該要用淺顯的文字、豐富的圖畫，來為小讀者們說創意人物的故事。」

　　現代生活中，每天我們都會聽見、看見和接觸到「創意」這兩個字。但是，「創意」到底是什麼？有人說，「創意」就是好點子。但好點子是如何形成的？又是在什麼樣的環境助長下，才能將好點子付諸實現，推動人類不斷向前邁進？

　　編輯團隊為此挑選了二十個有啟發性的故事，希望解答上述的問題，並鼓勵小讀者們能像書中人物一般對事物有好奇心，懂得問「為什麼」，常常想「假如說」，努力試「怎麼做」。讓想像力充分發揮，讓好點子源源不絕。老師、家長和社會大眾也可以藉此叢書，思索、探討在什麼樣的養成教育和生長環境裡，才能有效的導引兒童走向創意之路？

　　雲屬於大自然，它千變萬化，自古便帶給人們無窮想像；雲屬於艾雪、盛田昭夫、高第、畢卡索……這些有突出想法的人，雲能不斷激發他們的創意；雲也屬於作者、插畫家和編輯團隊，在合作的過程中，大家都曾經共享它的啟發。

　　現在，雲也屬於本書的讀者。在看完這本書以後，若有任何想法或好點子願意與大家分享，歡迎寄到編輯部的信箱 sanmin6f@sanmin.com.tw。讀者的鼓勵與建議，永遠是編輯團隊持續努力、成長的最大動力。

簡宛　2015 年春寫於加州

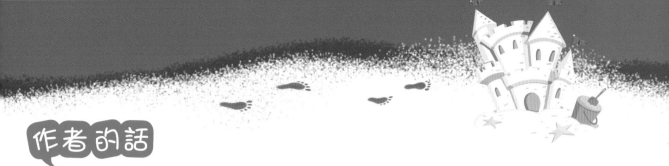

作者的話

　　有誰料想得到一個六歲時想當廚師，七歲時想當拿破崙，總是頑皮惹事，故意尿床，令家人頭痛不已的小男孩，會因他自成一格的創意奇想而獨傲藝術世界，成為西班牙的榮耀。

　　薩爾瓦多‧達利是被全世界公認最「超現實主義」的藝術家，他一出生就被家人認定是早逝的哥哥重新投胎轉世而來的，所以父母對他幾近溺愛般疼惜，深怕失而復得的珍寶再次消逝。但達利一直覺得家人對他的疼愛只不過因自己是哥哥的替身罷了，內心的迷惘與失落促使他常以激進叛逆的行為來證明自己是獨立存在的個體。

　　也許因為這種方式十分容易引起大家的注目與關心，達利自小到大總愛以特立獨行成為他人的話題而沾沾自喜。可惜母親在他十六歲時驟然過世，使他在行為上的狂妄不拘更顯嚴重。結果學校視他為異類學生要他退學，又因執意和年齡大他許多的卡拉在一起，讓個性嚴謹的父親甚為失望生氣。面對外界種種的負面批判，達利選擇置之不理，只一心埋首於探索藝術美學、人類潛意識與自然科學的奇妙關聯，更從中激發出他獨特的創意潛能。

　　達利能成為全方位的創意藝術家在於他不曾放棄自己「有朝一日成為受到全世界人景仰的大人物」的夢想。從平面繪畫、立體雕塑、商業設計、實驗電影，乃至建築造型等等，均可見到他孜孜不倦勇於嘗試出來的豐碩成果。他曾說：「我從未停下畫畫，就像我從未停止呼吸一樣。我是二十四小時全天候工作。」所以他並非光想不練，而是位努力不懈的藝術工作者，包括一直仔細照顧尖翹如蝴蝶觸角的鬍子和保持古怪不失貴氣的穿著風格，讓自己本身也成為一件引領話題的藝術創作。

　　一般人可能模仿得了他的「怪」，卻模仿不了他那種不受拘束的霸氣與總是令人驚艷的獨特表現手法。即使達利的天賦再高，也是因為能勇敢面對人生每一階段的失敗與挑戰，且一直保持對不同創作領域的熱情，才能造就他永垂不朽的藝術地位。

　　當我們有機會接觸達利的作品時，不妨感受自己在觀看作品當下產生的各種心理與情緒反應，或試著找出作品中的思想涵義，以體會達利對人類內心中的「愛」、「美」、「現實」、「幻象」所做的詮釋。希望小讀者們也能學習達利對自己夢想的堅持，用不滅的熱情勇於接受每一項創意挑戰，讓自己的人生充滿無窮的創意樂趣。

遇見達利

　　學校的布告欄前，正圍著許多同學七嘴八舌的討論。原來是一年一度的全國繪畫比賽要開始了。這次的比賽主題是:「我的超現實世界」。如果獲選為前三名，除了得到獎狀及獎品外，作品還可以被送去國外參展。小杰最喜歡畫畫了，這麼難得的機會他當然不想放過。老師也在班會上提到這項活動，鼓勵同學們踴躍參加。

　　只是參賽主題「我的超現實世界」，對才三年級的小朋友而言，可說是一大挑戰。

放學回家後，小杰告訴媽媽他想參加比賽，媽媽說：「當然好啊！說到超現實世界，有一種叫做『超現實主義』的繪畫流派，不以既定的藝術觀念創作，而是以夢境般的奇幻組合取代寫實景象，應該和你們的比賽主題很契合。這個畫派最有名的代表人物就是一位名叫達利的西班牙畫家。你不妨先去圖書館找他的資料參考看看，了解一下他的作品風格，或許能激發出你創作『超現實世界』的點子。」

小杰聽了媽媽的建議，去圖書館借了幾本達利的作品集回家，準備

仔細的研讀。

　　其中一幅名為〈永恆的記憶〉的畫作吸引了小杰的目光——畫裡的景色像是在某個海邊，有陽光、沙灘、懸崖、枯樹……看起來很正常，但又覺得有些地方不太對勁。再一細看，沙灘上居然有好幾個鐘錶，而且那些鐘錶竟然像快融化的起司一般，軟塌塌的到處散落，連樹上也掛了一個！怎麼會這樣呢？

　　小杰入迷的看著，突然一道耀眼的金光從畫裡的軟錶射出，接著小杰的身體開始不由自主的旋轉，才一眨眼，他整個人竟然跑到畫裡去了！畫裡的世界寂靜無比，只依稀聽見遠處有海浪拍

打的聲音。小杰四下張望:「這裡不就是我剛才在書上看到的景象嗎？啊！軟錶真的在那兒！」小杰興奮的朝枯樹走去，想伸手去摸摸掛在樹枝上的錶，確認是不是真的很軟？

　　一陣「叩、叩、叩」的聲音由遠而近的傳來，小杰回頭，看見一位西裝筆挺，手中握著紳士手杖的叔叔，正昂首闊步的朝他走來。這位叔叔渾身散發出一股藝術家特有的氣質：稀疏及肩的捲髮梳向腦後，露出飽滿的額頭；明亮犀利的目光，彷彿一眼就能看穿他人的內心世界；最特別的是那又高又翹的鬍子，使他看來既有個性又有點滑稽。小杰

　　總覺得這位叔叔看起來好眼熟，不禁睜大眼睛朝他全身上下仔細打量。

　　「傻小子，你還認不出我是誰嗎？你正踩在我的地盤上喔！」

　　「你的地盤？」小杰眼睛一亮，「啊！難道您是達利？」

　　達利對小杰意外闖入他的創作空間一點都不介意，還彎下腰親切的對小杰說：「是的，我就是達利。正確的說：我的全名是薩爾瓦多‧多明哥‧菲利普‧哈辛托‧達利—多梅內克。」

　　「哇！您的名字太長了，我記不住。我還是比較喜歡『達利』這個稱呼。『發達順利』，好記多了！」小杰的聯想逗得達利

哈哈笑。達利還告訴小杰「薩爾瓦多」是「救世主」的意思，他的爸爸給他取這名字，就是希望他將來能成為拯救世界的偉人。

「達利叔叔，大家都說您是位天才畫家。我很喜歡畫畫，也想跟您一樣成為偉大的畫家。」小杰崇拜的看著達利。

「您可不可以告訴我為什麼要把這些錶畫成軟軟的起司形狀？有什麼特別的意思嗎？那個躺在沙灘上的怪物又是什麼？這

和書上提到的『超現實主義』有什麼關係？還有，您為什麼要留那麼翹的鬍子？」

小杰一連串的問題讓達利不知從何答起，便對他說：「要同時回答你那麼多問題，不如先帶你去一個地方看看吧。」達利將手杖一揮，把小杰帶到一座充滿奇幻色彩的城堡，一個典藏他一生創作精華的寶庫。

超現實奇幻城堡

　　達利的城堡外牆是整片的磚紅色，牆面貼有泥黃色麵包造型的立體雕飾，牆頂上豎立著一排被太陽照得雪白發亮的大雞蛋，和閃著金光的小金人，緊緊相連守護城堡。

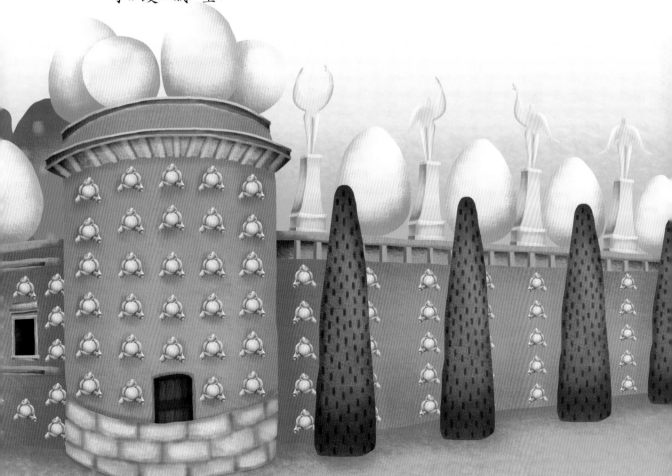

　　才剛踏入城堡的庭院，小杰便覺得驚奇處處。被藤蔓任意攀爬圍繞的石牆上，每個哨口都有金色蛋頭使者駐守，他們和善的展開雙手，向來訪客人表示熱烈歡迎之意。不過，可別以為這樣就能為所欲為，壁面上還有歷經風霜的石雕群像，正密切注視來者的一舉一動，詭異的笑容似乎在警告：不可以在這裡胡來！

　　中庭裡，一輛氣派無比擦得晶亮的豪華古董轎車，被巨大壯碩的女神雕像和石柱上方掛滿藍色水滴的船，一前一後嚴密保護著，任誰都休想打它的歪主意。

　　眼前的一切奇幻景象讓小杰目瞪口呆說不出話。他跟著達利

繼續往大廳方向走去，裡頭還有許多驚喜等著他去發掘。達利笑瞇著眼，拈了拈嘴上的翹鬍子，用手中那根鑲有金色雙頭鷹的手杖朝大廳正門一指，兩扇玻璃大門以迎接貴賓之姿，恭敬有禮的自動打開。

「哇──」迎面而來的是幅氣勢磅礴、占滿整個挑高大廳的壁畫，兩旁襯有垂降的華麗紅色絨幕，壁畫前方則整齊擺放著一排椅子。小杰好奇的問：「這是一個舞臺背景嗎？」

達利對小杰露出讚賞的笑容說：「沒錯，這是我在1941年為舞臺劇──《迷宮》所畫的布景喔！」

　　轉個身，小杰被左邊牆面上方的一個方頭蜘蛛人嚇了一跳。孔武有力的蜘蛛人，手中正拿著布繩，以倒掛之姿趴在牆上，不知想去抓誰？

　　再往前走，「咦？那好像是美國的大鬍子總統林肯……可是，他的鼻子怎麼變成沒有穿衣服的女人？」小杰看到這幅用馬賽克方塊構成的圖像，百思不解其中的涵義。

　　樓梯口一個頭戴紅帽的玉米娃娃，張著比房門還大的嘴吸引小杰邁步上樓。進入二樓的房間，小杰看到有兩幅裱著金框被放大的眼睛圖像，平行分開掛在鼻子造型的火爐上方，鼻孔裡還

升著熊熊火焰，一張艷紅色的唇型沙發悠閒的放在室內中央。遠遠望去，竟然是張金髮美女的臉！

小杰止不住對城堡內所有東西的好奇，從寫實的人物肖像、風景畫到夢境式的抽象畫；從幽默可愛的珠寶設計到怪異奇特的大小雕塑，一看再看。這裡實在太奇妙、太有趣了。

「達利叔叔，城堡裡這些稀奇古怪的作品是怎麼創造出來的？」

達利引以為傲的回答：「呵呵，它們可都是我用一生的心血與努力換來的，有沒有興趣跟我去一趟時空之旅？也許沿途可以找到你想要的答案唷！」

「時空之旅？當然要去！」小杰毫不猶豫的立刻答應。

達利用手杖對著城堡玻璃圓頂上的晴空喊道：「出發！」只覺得一陣風吹過，兩人已到了一百多年前西班牙東北部的費格拉斯鎮。

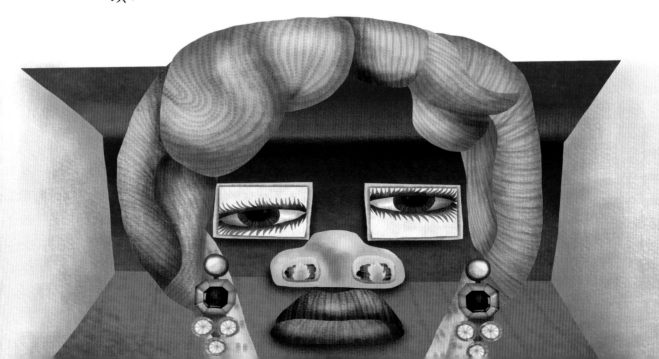

費格拉斯的小霸王

　　小杰和達利如隱形人般在一百多年前的費格拉斯鎮上自由穿梭。達利指著鎮上的一棟房子要小杰往屋裡瞧，原來這裡是達利小時候的家。達利的爸爸是鎮上最有威望的律師兼公證人，正和妻子商量著如何管教他們的寶貝兒子——小達利。

　　小達利有一對骨碌碌轉個不停的大眼睛，長得十分可愛，是全家人的心肝寶貝。可是他老愛到處闖禍，令爸媽頭痛不已。剛才他又趁褓姆不注意，偷溜進廚房，把放在桌上要給客人享用的點心全塞進自己的嘴巴，正心滿意足準備轉身離去時，看見兩歲的妹妹安娜蹲在門邊玩，想也不想就把她的頭當足球踢了一下。無辜的安娜被突如其來的一踹，

痛得嚎啕大哭。小達利見安娜哭得大聲，想逃跑，卻被聞聲趕來的爸爸一把抓住關進書房裡，罰他直到晚餐才能出來。

由於小達利和因病早逝的哥哥長得一模一樣，爸媽深信是上帝再度把哥哥還給他們，所以仍用哥哥的名字「薩爾瓦多·達利」稱呼他。只要小達利不守規矩，父親就會屬聲斥責：「為什麼以前的你這麼懂事聽話，現在卻變得如此不受管教？」

小達利一直覺得他在爸爸的眼裡只是以前的哥哥，就故意製造麻煩唱反調來凸顯自己

和哥哥的不同。他原本在公立小學就讀，爸媽見他不讀書都在玩，便將他轉到管教嚴格的私立學校，但小達利在學校的表現仍讓人傷透腦筋。

晚餐時，爸爸拿出一疊學校寄來的通知，內容全是他調皮搗蛋的紀錄。爸爸鐵青著臉，不發一語。餐桌上沒人敢出聲，只有媽媽一直用關愛的眼神

注視小達利。過了好一會兒，才打破沉默輕聲問他：「我的寶貝呀，你說，你到底在想什麼？告訴媽媽好嗎？」

看爸爸氣成那樣，小達利只敢小小聲的向媽媽說出藏在心裡許久的想法：「學校教的那些科目真的很無趣，我只喜歡畫畫，樓上那間有浴缸的小閣樓可不可以給我做畫室？」媽媽看看爸爸，見他沒出聲反對，便微笑的對兒子說：「好吧！從現在開始，它就是你的了。」小達利好高興，他終於有了自己的畫室。

爸媽從小達利六歲畫的第一幅〈費格拉斯田園風光〉起，就知道他們的無賴小霸王有著超齡

的繪畫天賦，所以對他在繪畫方面的需求總是盡力滿足。

小杰看小達利那麼不聽話，忍不住說：「叔叔，您小時候真的很霸道耶！」

達利搔了搔頭，不好意思的說：「是啊！不過我其實很愛我的爸媽，只是受不了爸爸的心裡只有死去的哥哥，才會故意鬧事惹他生氣。我也很感謝爸媽在繪畫上對我的支持與栽培，我後來完成的許多作品幾乎都是從這間浴缸畫室裡開始構思試驗的呢！」

乘著風，達利帶小杰前往下一段旅程。

 # 馬德里，不愉快的學校生活

　　達利的爸爸有一位好朋友叫拉蒙・皮梭，是位非常有名的印象派畫家。達利受他的畫風影響很深，算得上是他的印象派啟蒙老師。達利十五歲時便與當地藝術家們一起在費格拉斯劇院開畫展。他那自成一格的光影畫法，和時常投稿發表對傳統藝術的獨特見解，被媒體喻為前途無量的明日之星。

　　正值青春期的達利把吃飯睡覺以外的時間全用來繪畫與研讀各類書籍，尤其喜愛哲學家們發人深省的著作。他還刻意把頭髮

留長到肩上，對著鏡子模仿偶像拉斐爾的神情，畫成一幅絕妙的自畫像，並發下豪語：「有朝一日，我一定會成為大人物，受到全世界人的景仰。」

達利十六歲時，與他最親的媽媽因病去世。頓失至親使他悲痛欲絕，連續幾天不吃不喝，獨

自縮在畫室的浴缸內，喃喃求著上帝把媽媽還給他。

回想媽媽撒手離去的情景，達利哽咽的告訴小杰：「媽媽是我在這世上最最親愛的人。媽媽走了，我也像死掉了一樣。」

小杰不知道怎麼安慰達利，只好握握他的手，希望能帶給他力量。

爸爸不希望達利一直陷在失去母親的痛苦中，於是帶著妹妹

陪他去馬德里報考藝術學院。達利提交了一張尺寸不符規定，但技法無可挑剔的素描作品，令全體評審為之驚艷，一致同意破例錄取他。

剛搬進學生宿舍的達利，就以一頭長髮與連鬢鬍子，搭配各式昂貴怪誕的穿著，成為全校焦點。他本想透過學校嚴格的訓練替自己打下紮實的基礎，但很快就對學校老師一味強調藝術就是「大膽，再大膽！」的教學方式感到失望。他忍無可忍的當眾反駁老師根本沒有資格評論他的創作。

學不到想學的東西，達利索性成天呼朋引伴到校外飲酒作樂。又因不斷觸犯校規，終被學

校勒令退學。離開學校的前夕，小杰目睹青少年時期的達利一人形單影隻在馬德里街頭漫無目的的從天黑走到天亮。

還好達利在藝術學院仍有一些收獲。他接觸到影響他一生創作思想的立體派和達達藝術，並結識了幾位十分要好的朋友，包括和他一起創作首部超現實主義電影短片《安達魯西亞之犬》的導演路易斯・布紐爾、詩人加西亞・洛爾卡、裴賓・貝洛等。

巴黎，與大師相遇

　　1926年，達利蓬頭垢面、衣冠不整的回到費格拉斯家中，爸爸得知他被學校開除，連行李都沒帶回家，氣得久久說不出話。妹妹安娜深怕爸爸會氣出病，靜靜陪在一旁，以防萬一。看見爸爸那股憂傷和屈辱的神情，達利明白都是因自己而起，內心覺得十分愧疚。拿出紙筆把當下的景象速寫下來，反而成為他早期的素描作品中最好的一張。

　　在家期間，達利一刻也不停的努力工作。他知道自己得用實力來彌補爸爸對他的失望，畫展

成為他發表作品的最好地方。他結合古典藝術與現代幾何的表現技法引發藝術圈的熱烈討論，連大師級的畢卡索都注意到這位才華洋溢的年輕人，透過朋友邀請他到家裡見面。正在巴黎旅行的達利聽說畢卡索想見他，興奮得就像受到教皇召見一樣，立即取消其他行程，前往畢卡索的住處拜會。

達利把隨身攜帶的一幅小畫作〈窗前的費格拉斯少女〉拿出來請畢卡索指教。兩位天才相見，作品成了彼此之間最好的溝通語言。畢卡索帶達利參觀他的畫室，兩人都很安靜，只用熱烈的目光你來我往：「抓住我畫裡的

重點沒？」「抓住了！」自那次相會之後，達利還曾以畢卡索做為繪畫題材。

另一位喜歡用女人、小鳥、太陽、星星來作畫的米羅也十分欣賞達利的才氣，不但親自到費格拉斯與達利見面，還寫信說服達利的父親讓達利跟他去巴黎闖天下。有畢卡索、米羅兩位大師的賞識與鼓勵，爸爸才允許達利去巴黎試試。

　　米羅對達利十分照顧，帶他參加各種社交活動，認識不同流派的領導人及藝術經紀人。達利從各種畫派吸取營養精華，並與當時探索「生與死」、「過去與未來」這類被稱之為「超現實主義」的朋友們往來密切。

　　達利有一種天生罕見的能力，連牆壁上的霉斑，都能在他靜心凝視它們的奇形怪狀之際，看出想要尋找的形象，再帶進睡夢中繼續下去。等第二天起床，顧不得刷牙洗臉便迅速畫下記憶猶新的夢境。他的大腦有如電影放映機，任何他想創作的題材，不管是平面或立體，總能把腦海中的想法快速反映到畫面上。

　　受到心理學家佛洛依德的潛意識理論影響，若靈感不來時，他就抓著一根湯匙，底下放個錫盤，閉眼設法讓自己進入夢鄉。等手中的湯匙因睡著而掉入盤中，發出「匡噹」一聲驚醒自己的剎那，立刻拿起畫筆，任由自己的「潛意識」在畫布上不斷刷刷刷，變幻出時空交錯的構圖。

　　他喜歡讓作品能做不同的視覺解讀。比如：〈隱形的睡女、馬、獅子〉中，一匹馬是一個沉睡的女人身軀，也是一頭獅子，或是一串葡萄；〈倒影變成大象的天鵝〉中，一群優雅的天鵝倒影可以看成站在湖邊的大象；〈消失的影像〉中，一張長鬍子

的人臉，也可看做是一個在房間內低頭站著閱讀的女人。

巴黎的藝術圈公認達利是最有前途的天才，對他那種天馬行空的創意加上視覺震撼的技法，不僅有讚美，還有爭議和批評。

小杰看到達利在巴黎走出自己的風格，同時和一位叫卡拉的女人結婚，替達利感到開心不已。

　　達利告訴小杰：「卡拉是繼媽媽之後，我一生的最愛，更是我事業上的最佳伙伴和創作靈感的泉源。我還把卡拉的身影融入在許多作品中呢！」

　　小杰聽達利這麼一說恍然大悟：「啊！所以奇幻城堡裡面，那幅林肯畫像上的女人就是卡拉！」

　　達利微笑點頭：「你猜對了！」接著帶小杰前往下一段旅程。

美國，名利雙收

　　1931 年的一天晚上，達利因頭疼想早點上床睡覺。他像平常一樣先到畫室看看當天的作品，就在這時，達利的胸口好像有股莫名的電流通過，他想伸手關燈，眼前卻突然出現一個癱軟的錶，難看的掛在樹上。兩個小時後，這幅著名的畫作便已完成。

　　一位美國人買下了以軟錶為主題的〈永恆的記憶〉。後來經過多次轉賣，被紐約現代藝術博物館相中收藏。一夕之間，難以計數的複製品隨處可見，從酒店到售報亭都用它來招攬生意。

「薩爾瓦多・達利」這個名字，在美國就像他那幅被複製無數的〈永恆的記憶〉一樣，廣為人知。

達利告訴小杰他沒有料到這幅畫會那麼受歡迎，當時只是想以融化成起司狀的錶來表示他對時光流逝卻無力掌控的惶恐；以沙灘上的怪物來暗示自己在思念家鄉太久的時間中已經疲憊不堪。運用既有幻象，及精細描繪具象物體的構圖，來呈現他想要的「超現實世界」。加上正逢歐洲戰火四起，便向卡拉提議不如去美國看看。

小杰一邊似有所悟的點頭，一邊也隨著達利前進到美國這個充滿朝氣的年輕先進國家。

　　繁華的紐約大都會正張開雙臂滿心期待達利替這片土地播灑創意種子。達利以精細高超的繪畫技巧，出色的文章、口才及行動來打造自己的超現實世界。他的創作觸角廣泛伸向不同領域，從知名傑作〈龍蝦電話〉、〈梅維斯的唇型沙發〉等裝置藝術到舞臺設計、書本插圖、服裝設計等等，皆可看到他的作品。《時代雜誌》也以他做封面，大幅報導這位來自西班牙的藝術怪才。

　　事業如日中天的他仍十分關心戰爭局勢的發展，常會藉一些商業創作來暗示對連年戰爭的厭煩與無奈，引發大眾共鳴。

　　以米老鼠聞名的卡通天王

——華德・迪士尼看中達利無人能及的想像力，問他願不願意一起合作動畫短片《命運》。達利覺得能讓小朋友欣賞到他的超現實創作，是一件再美好不過的事，便一口答應。消息一出，斗大的標題——「米老鼠與軟錶大師攜手合作團結一心」占據了美國各大報紙的頭版。達利為此推掉其他的邀約，每天帶著最新的畫稿到迪士尼公司與工作人員開會討論。他對各項製作細節的要求與敬業態度讓華德・迪士尼非常感佩，兩人後來變成終生好友。

已成為名人的達利蓄起了代表身為藝術家驕傲的鬍子，他對小杰說：「我的鬍子就如同蝴蝶頭

DISNEY & DA
ARCHITECTS OF THE IMAGINATION
DALI x DISNEY
Destino

上的觸角。只有蝴蝶之王才有如此長的觸角，所以，唯有我這種最出色的藝術家才會有這般上翹的鬍子。」達利的霸氣與自信，使小杰內心不由升起一股崇拜的敬意。而這分無人能比的自信，也使達利在往後遭到其他藝術家們的排擠時，依然能毫不客氣的反擊:「我才是真正的超現實主義藝術家!」

西班牙的榮耀

　　二次世界大戰結束後，達利決定和太太卡拉從美國搬回西班牙定居。小杰跟著達利一路見證了他在寫作和舞臺、戲劇、電影、攝影、珠寶等藝術相關領域的亮眼成績外，他還發現達利在科學方面的天賦絲毫不遜於在藝術上的才華，可說是繼達文西之後的全才型科學藝術家。

　　達利喜歡研究藝術與自然科學及數學間的關連性，他把〈耶穌受難〉中的十字架改以立方體來呈現三度空間和幾何數學的概念；又以〈極速下的拉斐爾聖

母〉中的崩裂現象，呈現化學和物理學裡的核子撞擊所產生巨大的殺傷力，來表示被戰爭摧毀的可怕。這類構圖都是根據理論，並和科學家們交流分享的實驗結果。

達利在雕塑藝術上的表現也

是匠心獨具，被視為最能代表超現實主義的完美創作。憑著這些傑出成就，他獲得了西班牙國王特別授與「布波爾侯爵」的尊榮。達利很慷慨的將所有作品與榮耀留在親自參與建造的奇幻城堡內供大家欣賞。自己則瀟灑的跑到海邊，思尋下一個引發世人

注目的題材。

正當小杰不由出神的望著在海邊小屋裡專注創作的達利時，耳邊卻傳來達利的聲音對他輕聲提醒：「小子，時空之旅已經結束了，你該回家囉！」小杰還沒來得及反應，人已經從達利的畫裡回到原先的家中。

這趟「永恆的記憶」奇幻之旅，小杰雖意猶未盡，但對於達利如何用夢境與潛意識表現出「超現實主義」風格，以及如何對自己「理想」的認真與堅持，才能以獨特創意成為無人能及的超現實藝術大師，深覺獲益許多。現在，輪到小杰去動腦創作屬於自己的「超現實世界」了！

達 利

SALVADOR DALI

1904
5 月 11 日出
生於西班牙的
費格拉斯鎮

1910
六歲畫了第一幅費格拉
斯鎮的田園風光，即展
現了他的繪畫天賦

1916
開始正式學畫

1919
在費格拉斯劇
院首次展出個
人作品

1926
· 遭學校退學
· 偶像畢卡索邀請見面

1921
最親愛的媽媽於
2 月因病去世

1922
考入馬德里藝術
學院就讀

1929
· 與好友路易斯 · 布紐爾一起創
作首部超現實主義短片《安達
魯西亞之犬》
· 遇見了一生的最愛——卡拉

1931
創作出最知名的作品
——〈永恆的記憶〉

1934
在美國紐約
舉辦作品展

1940
二次世界大戰期間，與
卡拉一起遷居到美國

1942
出版自傳《薩爾瓦多 ·
達利的祕密生活》(The
Secret Life of Salvador
Dali)

1949
返回西班牙定居，繼
續以不同題材發揮全
方位的創作才華

寫書的人 　　　　　　莊惠瑾

　　曾任教於大學設計系所，並擔任專利審查委員。赴美定居後，先從事自由設計與翻譯寫作，後因緣際會轉入競爭激烈的商業領域。一直用惜福感恩的心穿梭於家庭、工作及公眾服務中。寫作則是自己與他人分享心靈成長的最愛。

　　著有：《卡內基》、《戀戀太陽花：梵谷》、《騎木馬的藍騎士 ── 康丁斯基的抽象音樂畫》《光影魔術師 ── 與林布蘭聊天說畫》等書。

畫畫的人

放藝術工作室 (FUN art studio)

　　藏身於新竹縣竹北市的一棟老公寓裡，老舊的外觀讓人卻步，但來到二樓的「放」，就會不想走了。像回到家，可以「放」輕鬆的玩藝術，在創作中 have FUN。主要的服務項目為藝術教育、平面插畫設計、皮革手作。

網址：www.facebook.com/funartstudio

1960
全心投入家鄉費格拉斯鎮的「達利美術館」興建工程

1982
- 獲西班牙國王頒授「布波爾侯爵」的爵位，但身體健康開始明顯惡化
- 6月，卡拉去世

1989
1月23日與世長辭

創意 MAKER

創意驚奇雲

飛越地平線，
在雲的另一端，

創意 x 無限

撥開朵朵白雲，你會看見一道亮光……

 是 創意 MAKER 的燈泡亮 了！

跟著它們一起，向著光飛翔，由它們指引你未來的方向：

（請依直覺選擇最具創意的顏色）